Wenn's doch nur so einfach wär

Verschenktexte von Kristiane Allert-Wybranietz

mit Illustrationen von
Herbert Deinhard
und Swami Prem Joshua

lucy körner verlag

© 1984 lucy körner verlag
Postfach 11 06, 7012 Fellbach
Alle Rechte vorbehalten.
1. Auflage Oktober 1984
2. Auflage Oktober 1984
3. Auflage Dezember 1984
4. Auflage März 1985
5. Auflage August 1985

Illustrationen: Herbert Deinhard und Swami Prem Joshua.
Titel: Herbert Deinhard.
Layout: Heinz Körner.
Satz: Maria Pröbsztl.
Herstellung: J. F. Steinkopf Druck+Buch GmbH, Stuttgart

ISBN 3-922028-09-8

*Von meiner Verlegerin gebeten,
ein Vorwort zu schreiben,
muß ich feststellen,
daß mir große Worte vorab gar nicht liegen —
lieber tue ich etwas!*

*So hoffe ich,
die Texte sprechen für sich.*

Auch dieses Buch haben wir mit viel Liebe und Sorgfalt zusammengestellt. Wir hoffen, daß die Texte Anklang finden und die Illustrationen Freude bereiten. Wir möchten uns bei allen bedanken, die mit Rat und Tat bei der Herstellung geholfen haben, besonders bei Kristiane, Joshua und Herbert.

Fellbach, im September 1984   Lucy und Heinz Körner

IN DEN BESTSELLER-LISTEN
(AN DIE KRITIKER)

Jetzt fragen sie nach Arbeitsmethoden,
nach Marketing-Überlegungen.
Fragen, welche Art Lyrik das sei,
fragen,
*   fragen,*
*   fragen.*

Jetzt spekulieren sie,
vermuten,
ordnen ein,
unterstellen,
werten aus,
analysieren,
machen eine S a c h e
aus meinen Gefühlen
und haben
nichts verstanden.

Schade.

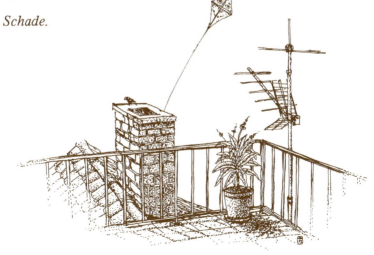

THEMA VERFEHLT?

In der Zeitung
lese ich,
daß einige
Friedensgruppen
kurz vor dem
offenen Kampf stehen . . .

AUFWACHEN!

Das Rattern meiner
elektrischen Schreibmaschine
erinnert mich manchmal
an das Rattern von Maschinengewehren.

Doch i c h möchte
niemanden töten,
sondern zum LEBEN
aufrufen.

. . . wenn uns erst Maschinengewehre wecken,
ist es zu spät.

GEFÜHLE

*kann man nicht mikroverfilmen,
nicht computerspeichern,
auch nicht auf Konten verbuchen
und ebensowenig mit ihnen
an der Börse spekulieren*

*— und angeblich ,,passen" sie
auch nicht mehr
in unsere Gesellschaft.*

*Darf ich ganz vertraulich
fragen:*
WAS MACHST DU MIT DEINEN?

SPRECHVERBOT

Es gibt vieles,
über das „man nicht spricht";

sind deshalb
viele Gespräche
so „nichtssagend"?

ERSATZWEISE

Viele Menschen
halten ihre Situation
nur aus,
weil sie sich nie
den Mut nahmen
zu erfahren,
daß es auch
anders
sein könnte.

FAMILIE SAUBERMANN

Für viele Menschen
ist es wichtig,
das Auto zu polieren,
die Wohnung auf Hochglanz zu bringen,
strahlendes Geschirr zu haben
und andere Dinge zu pflegen . . .

Ihre Mitmenschen
lassen sie
nicht selten
verkommen.

*Wo sich nichts
mehr regt,
ist alles tot!*

*Ich bin froh,
mich auch
schlecht zu fühlen
und leiden zu können.
Zu spüren:
ICH LEBE.*

DROGENSUCHT
HABSUCHT
EIFERSUCHT
HERRSCHSUCHT
GELTUNGSSUCHT
ESSUCHT
NIKOTINSUCHT
VERGNÜGUNGSSUCHT
s e h n s u c h t

WAS MAN SO SAGT

Als sie lachte,
sagte man ihr, sie sei kindisch.
Also machte sie fortan ein ernstes Gesicht.
Das Kind in ihr blieb,
aber es durfte nicht mehr lachen.

Als sie liebte,
sagte man ihr, sie sei zu romantisch.
Also lernte sie, sich realistischer zu zeigen.
Und verdrängte
so manche Liebe.

Als sie reden wollte,
sagte man ihr, darüber spreche man nicht.
Also lernte sie zu schweigen.
Die Fragen, die in ihr brannten,
blieben ohne Antwort.

Als sie weinte,
sagte man ihr, sie sei einfach zu weich.
Also lernte sie, die Tränen zu unterdrücken.
Sie weinte zwar nicht mehr,
doch hart wurde sie nicht.

Als sie schrie,
sagte man ihr, sie sei hysterisch.
Also lernte sie, nur noch zu schreien,
wenn niemand es hören konnte,
oder sie schrie lautlos in sich hinein.

Als sie zu trinken begann,
sagte man ihr, das löse ihre Probleme nicht.
Sie solle eine Entziehungskur machen.
Es war ihr egal, weil ihr
schon so viel entzogen worden war.

Als sie wieder draußen war,
sagte man, sie könne jetzt von vorn anfangen.
Also tat sie, als begänne sie ein neues Leben.
Aber wirklich leben konnte sie nicht mehr,
sie hatte es verlernt.

Als sie ein Jahr später
sich versteckt zu Tode gefixt hatte,
sagte man gar nichts mehr.
Und jeder für sich versuchte,
leise das Unbehagen mit den Blumen
ins Grab zu werfen.

ZUGEMAUERT

Eine Ladung Bequemlichkeitsblöcke.
Eine Ladung Sicherheitseisen,
eine Ladung Feigheitsziegel,
alles verkleidet mit
netten „Anpassungsklinkern"
und obendrauf einen
Schwierigkeitsableiter.

> So hast du dich
> und deine Gefühle
> eingemauert.

„Gut vorgesorgt",
jetzt kann dich niemand
mehr verletzen —
aber auch niemand
mehr erreichen.

MAUERN MACHEN EINSAM.

FREIHEIT?

Wir suchen sie vergeblich
im „Cluburlaub"
in tropischen Gefilden,
versuchen sie,
ohne Erfolg,
aus Zigaretten zu saugen,
sie in schnellen Autos
einzuholen.

Wir werden sie nie finden
im „Besonderen Geschmack",
den wir uns einreden lassen
und auch
die Auszüge unseres Kontos
durchblättern wir umsonst danach.

Freiheit
liegt in jedem selbst
und
ist ein einfaches Brot.

KNEIPENIMPRESSION

*Du sitzt
hier rum,
Junge —
schaust auf das Treiben.*

Bist du einsam?

*Fragst dich,
warum setzt sich niemand zu mir,
spricht mich niemand an?*

*Wenn du nicht allein
bleiben willst,
müßtest du wohl zuerst
das STOP-Schild
aus deinem Gesicht nehmen.*

*Es wäre
so einfach
dir zu sagen:
ICH MAG DICH.*

*Aber meine
Angst vor Ablehnung
hält mich gefangen —
ein Bild in einem Comic:*

Meine Sprechblase bleibt leer.

EISBLUME

Wir machen uns
oft „unerreichbar"

mit dem Mäntelchen
der Überheblichkeit,
dem Hut
der Arroganz
und den
schicken „Cool"-Stiefeln.

. . . und fragen dann,
warum
wir
einsam
sind.

EINER KURZEN BEGEGNUNG GEWIDMET

Wir trafen uns
ein, zwei Abende.

Jetzt bin ich
hunderte von Kilometern
fort —
zuhause.

Ein Stück von dir
ist mitgekommen.

IMMER NOCH LIEBENSWERT

*Ich habe dich kennengelernt
und verstehe
jetzt nicht mehr,
WARUM
du dich verpackst.*

*Du bist auch ohne
deine
modische Verpackung
hübsch,
anziehend
und liebenswert.*

LIEBEN —

das kann doch niemals heißen:

*dem Adler die Flügel stutzen,
dem Tiger die Zähne ziehen,
dem Menschen das Fühlen „verbieten".*

      *Flügel stutzen,
      Zähne ziehen,
      Gefühle verbieten,*

*dahinter stehen
Machtgelüste und Ängste —
aber niemals LIEBE.*

AUSGEBROCHEN

Seit ich die Grenzen,
die man
mir setzte,
nicht mehr anerkenne,
nicht mehr als Grenze erlebe,
spüre ich erst,
wie stark
ich bin.

. . . wie grenzenlos ich sein kann.

ALLEIN, ABER NICHT EINSAM

Die Vögel singen heute
bis spät in die Nacht.

Ich bin allein
und weiß,
daß andere jetzt
feiern, tanzen, lachen, reden,
flirten, lieben,
Unsinn machen . . .

Doch ich bin
nicht traurig.

Ich brauche heute keinen Spiegel —
ich genüge mir selbst.

LIEBESGEDICHT

*Dich streicheln,
dich atmen hören,
dich fühlen,
wie du lebst.*

*In dieser Nähe
ertrinken wollen
und dann
doch wieder
am Ufer der Nacht landen.*

*Am Morgen dem
Tümpel der Liebe entsteigen
und sehen, daß noch lange
Wasser auf meiner Haut perlt.*

Wenn ich deine Gegenwart spüre,
fühle ich,
wie ich als Kind gefühlt habe,
wenn ich morgens aufwachte
und draußen der erste Schnee
gefallen war:

Ich konnte es nie fassen,
war außer mir vor Freude –
und auch etwas traurig –
weil ich ahnte,
daß irgendwann der Schnee tauen könnte.

LIEBESERKLÄRUNG – REALISTISCH
(FÜR V.)

Ich bin bereit,
mit dir Wege zu suchen,
die wir gehen können.

Nicht bereit bin ich,
deinen Weg mit Verständnis
zu pflastern
und damit
so beschäftigt zu sein,
daß ich
von meinem Weg abkomme.

VON LIEBE HABEN WIR NIE GESPROCHEN

Wir haben zusammen geschmust,
sind spazierengegangen,
haben uns Zärtlichkeiten
und Lust gegeben,
haben einander erzählt,
Geheimes und Belangloses.

Wir haben Nähe gespürt,
Vertrautsein, Freude und auch Schmerz.
Wir haben uns an den Händen gehalten,
uns leidenschaftlich umarmt,

      aber

von Liebe haben wir nie gesprochen.
Wozu auch Worte . . .

ZWEIKAMPF

Heute
habe ich mich
selbst besiegt

— und dabei
nicht verloren.

DAS WETTER MORGEN

Wir berühren uns
und
es scheint die Sonne.

Warum
spielen dann
andere Wetter
und versuchen,
es regnen zu lassen?

DU UND ICH

Ich für mich.
Du für dich.

Für das WIR müssen
beide
etwas tun.

Einer allein
kann ein WIR
nicht
zusammenhalten.

OHNE LÜGE LEBEN

Sag nicht,
du willst
immer bei mir bleiben;

sag lieber,
du willst heute noch nicht
gehen.

Vielleicht ist ,,immer"
morgen schon
vorbei.

*Ich wollte
dich
nicht verlieren
und bemühte mich,
immer nett,
immer verständnisvoll,
immer attraktiv für dich,
immer an dir interessiert zu sein.*

Dabei verlor ich mich.

BEKANNTE

Viele meinen
mich zu kennen.
Aber ihr Bild
scheint ein
wenig verwackelt,

weil nicht alle
bereit sind,
ihre Wunschlinse
abzunehmen,
bevor sie
auf den Auslöser drücken.

HALTUNGSSCHWIERIGKEITEN
(FÜR EINEN, DER VIEL REDET)

Du malst dir dein Leben aus,
philosophierst über Möglichkeiten
und träumst von Zukunft.

Das ist die reichgedeckte Tafel
deines Lebens . . .

Aber bis jetzt
kehrst du nur
Brotkrümel zusammen,
die von dieser Tafel
hinabfallen.

HAST DU DAHER DIESE GEBÜCKTE
HALTUNG?

AN EINEN ANGEPASSTEN
(NICHT NUR AUS DER
„BÜRGERLICHEN SZENERIE")

Überall in deinen Kreisen
lobt man dich,
sagt von dir:

> „Du hast die richtige
> Einstellung!"

Hast du schon mal darüber
nachgedacht,
wer dich
auf diese Einstellung
eingestellt hat?

FALSCH ENTWICKELT

Wir haben einander
viel von uns gezeigt,
und in jedem von uns
entstand ein
Bild des anderen.

Es waren zwei Bilder,
die zueinander paßten —
und doch trennten wir uns.

Ich sah dich als Farbfoto.
Für dich
war ich wohl nur
eine Schwarz-Weiß-Aufnahme.

VERDRÄNGUNGEN
(FÜR K. P.)

All' die Enttäuschungen,
die unerfüllten Wünsche,
all' die nicht gewagten Hoffnungen,
die Ungerechtigkeiten,
die „falschen" Ansprüche,
die Kränkungen . . .

Alles Negative
steckst du weg
und lächelst.

W o h i n
steckst du
die vielen Tränen,
die du nie geweint hast?

. . . hoffentlich überrascht
dich nicht eines Tages
ihre Springflut.

ICH MAG NICHT DEINE DROGE SEIN

Du sagst,
du seist süchtig nach mir.

Das wäre ein Anlaß,
mich dir zu entziehen.

*Ich betrachte dich nicht
als ,,erobertes Land",
das ich nun zubauen will;
zupflastern mit allen meinen
Wunschhäusern und Traumstraßen . . .*

*Ich möchte
sanfte Birken auf dir pflanzen,
duftende Blumenbeete anlegen
und
eine kleine Hütte bauen — vielleicht . . .*

*Aber niemals
würde ich Stacheldraht und Zäune ziehen,
denn das
würde verletzen,
was uns verbindet.*

WENN'S DOCH NU[R

*Ich biete an:
Lieferzeit:
Preis:
Eigentumsvorbehalt:
Lieferung:*

SO EINFACH WÄR

Meine Freundschaft.
Sofort aus Gefühlsvorrat.
Umsonst.
Kein Eigentumserwerb möglich.
Frei Haus,
entgegen den üblichen
Gepflogenheiten unverpackt.

GANZ SCHÖN VERMESSEN...

Viele verurteilen
lautstark,
mit gewichtiger Miene,

Menschen in Situationen,

in denen sie
selbst
noch
nie
handeln mußten.

REZEPTFREI

Rezepte für das Leben
kann ich nicht geben.

Woher
soll ich wissen,
welche Zutaten
deinen Kuchen
gelingen lassen?

Sagen
— manchmal schreien —
möchte ich nur:
Du kannst doch selber backen!
Du brauchst keine
„fertigen Backmischungen"!

VERÄNDERUNG

*In unserem Liebesgarten
kann ich
nichts mehr anbauen,
keine duftenden Blumen
mehr züchten.*

*Doch unsere Freundschaftsblumen
will ich nicht zertrampeln.
Sie werden weiter blühen —
wenn du magst.*

ZWEIERBEZIEHUNGEN

Man machte Lebensmittel haltbar,
erfand Dauerkonserven.
Wenn auch natürlicher Geschmack
und der Gehalt an guten
und wertvollen Stoffen
verloren geht:
DIE WARE HÄLT SICH!

Genau so empfinde ich
viele Zweierbeziehungen:
dauerhaft gemacht,
ohne Rücksicht auf Qualität.

ERINNERUNG
(NEGATIV)

Ich halte unsere
schönen Stunden
lange in der Hand;

drehe und wende sie,
suche so lange nach Negativem,

bis ich dann
endlich feststelle,
daß der Glanz ab ist.

VERBOTENE LIEBE?

Wir haben uns
ineinander verfahren —
und es gab Scherben.

Und nun
kommen sie
und meinen,
unsere Beziehung
sei sowieso ein Unglück
und räumen den
Unfallort.

Keiner fragt nach
unseren Verletzungen,
die man nicht einfach
wegräumen kann.

HERBSTSTIMMUNG IM FRÜHSOMMER

*Harmonisch spielen
Gerstenfeld und Sommerwind.*

*Wir gehen nebeneinander
und mir ist,
als trennten uns
alle Felder der Erde —
obwohl nur ein paar Grashalme
zwischen uns wachsen.*

*Ich fühle mich wie ein
Stoppelfeld,
über das harte Herbstwinde fegen.*

Die Harmonie ist abgeerntet.

AN EIN MÄDCHEN

„Darf ich ihn jetzt wiederhaben?",
fragtest du mich.
Darauf konnte ich
nichts sagen,
denn ich kann
über Menschen
nicht verfügen.

Weißt du,
ich kann ihn dir
nicht wiedergeben —
er muß schon selbst
zu dir gehen.

ZÖGERNDER ABSCHIED

Wie ein Kind,
das hastig noch ein letztes Mal
den Finger
in den Honigtopf taucht,
bevor er außer Reichweite kommt,

wollte ich
noch einmal
von deiner Süße kosten —

und hätte dieses Naschen
nicht schon ein wenig bitter geschmeckt,
wäre ich fast wieder
in den Topf gefallen.

ZWEIERBEZIEHUNG

Du fragst,
ob ich zu dir zurückkomme.

Vielleicht wäre es schön,
wieder bei dir zu sein.

Aber meine Gefühle
haben keinen
Rückwärtsgang.

TRAURIG

Wie Glasperlen
hängen Regentropfen
an den kahlen Ästen
der Winterbäume.

Lautlos fallen
meine Tränen
auf den Tisch
im Café,
auf den du mir
zuvor
deine Worte
geknallt hast.

Es regnet.
Mein Kaffee wird kalt.

WEG VON HIER

I.
Laufen, rennen,
immer weitergehen,
fortschreiten, vorwärtsstürmen –
bloß nicht stehenbleiben!

Ich könnte ja merken,
daß ich es gar nicht bin,
die da
läuft, rennt, weitergeht,
fortschreitet,
vorwärtsstürmt.

II.
Reden, diskutieren, debattieren,
argumentieren, unterhalten –
bloß nicht schweigen!

Ich könnte ja merken,
daß es nicht meine Reden,
meine Themen, meine Debatten,
nicht meine Argumente sind.

III.
Stehenbleiben und schweigen,
tief durchatmen und lernen:
endlich einmal m i c h zu sehen,
endlich einmal m i c h zu hören,
endlich einmal m i c h zu fühlen.

– Hier will ich bleiben. –

STEH ZU DIR

*Lass' dich nicht verwirren
von dem Angebot der
Freuden, Strafen,
Versprechen und Möglichkeiten . . .*

*Lass' dich nicht aufhalten
durch
Verbote, Regeln und Normen . . .*

*Geh' dort entlang,
wo du meinst, es verantworten zu können.*

*Tritt ruhig einmal
neben die Etikette
und
du wirst sehen,
daß du auch dort
gut stehen kannst.*

ZUVERSICHT

*Manchmal
fühle ich mich wie ein Baum,
von dem fast alle Blätter
gefallen sind.*

*Aber jetzt macht es mir
keine Angst mehr,*

*weiß ich doch
um meine Kraft,
neue Blätter zu treiben.*

BENUTZUNG NACH BEDARF?

*Manche Leute
lassen ihre Mitmenschen
fallen
wie eine
aufgerauchte Zigarette —
achtlos,
ohne Kommentar,
weggeworfen wie eine Kippe.*

*. . . einige treten sie
dabei sogar
aus.*

MICH GEHEN LASSEN

das,
		lehrte man mich,
	sei schlecht.

So ließ ich mich nicht mehr gehen,
hatte mich stets im Griff,
hielt fest an dem,
was sein „sollte"

	— und blieb stehen —

Heute bin ich im
Weiterkommen
so aus der Übung,
daß mir jeder Schritt
Angst macht.

„Gut oder schlecht" —
so lehrte man mich,
meine Gefühle zu bewerten.

Die guten ins Köpfchen
und nach außen tragen,
die schlechten
brav runterschlucken.

Ich war so lange „gut",
bis ich nichts mehr
schlucken konnte.

So lernte ich mühsam,
mich von
„gut und schlecht"
zu trennen
— zu sein, wie ich bin —

für viele
auf einmal
unbequem.

ES LIEGT IN DEINER HAND ZU LEBEN

*Eines Tages
wirst du dich
entscheiden
müssen —
für Käfig oder Freiheit.*

*Für das,
,,was immer war",
oder
für das,
was du sonst noch
alles entdecken kannst.*

SPÄTE EINSICHT

Wie sehr ich den Regen brauche,
habe ich erst gemerkt,
seit es nicht mehr regnet.

Wie sehr ich einen Menschen liebe,
habe ich erst gemerkt,
seit er gegangen ist.

Ich habe Angst,
irgendwann ganz im
Spielzeugland zu leben –

schon jetzt
treffe ich
zu viele Menschen,
die „leben"
wie Aufziehpuppen.

Blättere doch
mal um.
Du liest schon
zu lange
auf der gleichen Seite
und
wunderst dich,
warum du Stillstand
fühlst.

LEBENSLAUF

*Für viele Menschen
ist das Leben
wie der Lauf eines Flusses.*

*So wie dieser durch sein Flußbett
geleitet wird,
werden sie in eine Lebensbahn
gelenkt
und treten nicht mehr
über ihre Ufer.*

*Sie lassen sich durchs Leben treiben,
ohne es je kennengelernt zu haben.*

FÜR VIEL ZU VIELE

Vorgestern warst du wild auf Mini,
dann fandest du weite Hosen schick,
danach war bei dir Folklore „in"
und heute pastellfarbene Sport-Klamotten.

Was wirst du morgen tragen?

— vielleicht
die schwere Last
deiner leichten Lenkbarkeit? —

AM LEBEN WIRKLICH TEILNEHMEN

Dein Innenleben ist bunt.
Du malst aus Träumen und Wünschen
farbenfrohe Bilder.

— Doch zur Zeit
ist deine Wirklichkeit
eher schwarz-weiß —

und
du spürst,
daß diese Bilder
nicht   d e i n   Leben sind.

Jedes Bild ist so bunt
wie die Farben,
an die sich
sein Maler wagt.

THEORIE UND PRAXIS

Eines Tages werde ich vielleicht
alle Weisheiten dieser Welt
aufgeschrieben haben —

werde aufstehen
und wieder
in eine Dummheit rennen.

„DAS EINZIG WAHRE"

Viele Menschen
erklären sich
einer sogenannten Richtung
zugehörig.

Mit ihrem „Parteibuch"
und Grundsätzen in der Tasche,
mit ihrer
„einzig wahren" Ideologie
im Kopf,
sind sie gefangen in ihrem Tun
und werden dem Leben
keinen Schritt näher kommen.

DEIN LEBEN

Dieses Netz
aus den paar Tagen
solltest du nach deinem
Muster weben —
für dich
und andere nützen.

. . . den meisten wird es zur Falle.

EINBAHNSTRASSE

Wie Blätter im Herbst
nähern auch
wir uns
unaufhaltsam
der Erde.

Eine Straße zurück
gibt es nicht.

STILLE BETRACHTUNG

*Dein Gefühl
am Abend*

*ist die Frucht
aus der Blüte des Tages.*

*Verluste
werden tragbar,
durch das Bewußtsein,
daß du die Freiheit
und Energie hast,
NEUES
jederzeit zu beginnen.*

*Ich habe solche Angst
zu sterben.*

*Aber damit
verhindere ich nicht
meinen Tod –*

*sondern behindere
mein Leben.*

Kristiane Allert-Wybranietz

Jahrgang 1955, lebt in Obernkirchen bei Hannover. Sie schreibt seit 1973 und hat zunächst in verschiedenen Zeitschriften und Anthologien veröffentlicht. Mit ihren Verschenktexten, veröffentlicht in den Büchern TROTZ ALLEDEM (1980) und LIEBE GRÜSSE (1982) wurde sie praktisch „über Nacht" zur Bestseller-Autorin. Mit zwei Märchen war sie am Erfolg des Buches DIE FARBEN DER WIRKLICHKEIT (1983) beteiligt (alle Bücher sind im Lucy Körner Verlag erschienen).
Seit 1978 gibt sie übrigens ihre Verschenk-Texte heraus, die sie unabhängig von den Büchern als Lose-Blätter-Sammlung verschickt.

Swami Prem Joshua

arbeitet als Graphiker, Musiker, Wald- und Bauarbeiter. Er hat viele Reisen in den nahen und fernen Osten sowie in die USA unternommen. Seit 1979 ist er Sannyasin und lebt seitdem in verschiedenen Wohngemeinschaften.

Herbert Deinhard

lebt in Plochingen. Durch seine „traumhafte" Illustration des Buches DIE FARBEN DER WIRKLICHKEIT (1983) hat er sich eine große Zahl von Freunden seiner Kunst erobert. Er selbst sagt, daß er nach dem Motto illustriert: Für den Frieden!

Weitere Verschenktexte von Kristiane Allert-Wybranietz finden Sie in:

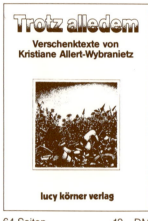

64 Seiten   12,– DM

64 Seiten   12,– DM

lucy körner verlag
Postfach 1106, 7012 Fellbach

*Ein Buch,
das ich nicht scheue
an die Seite von
„Der kleine Prinz",
„Momo" und
„Die Möwe Jonathan"
zu stellen.*

(Achim Wannicke, Lehrbeauftragter
für Soziologie an der FU Berlin,
in der Zeitschrift „zitty")

Heinz Körner

JOHANNES

Erzählung

lucy körner verlag

Ein brutal ehrliches Buch über eine mystische Begegnung, eine Befreiung und die Entdeckung innerer Wahrheit. Ein beinahe therapeutischer Anstoß zum Ausweg aus dem Sumpf! Ein Buch, das seine Leser herausfordert!

104 Seiten   DM 12,--

Bücher
für eine bessere Welt

Veronika Horch

Von wegen Schicksal
Eine Frau steht auf

lucy körner verlag

150 Seiten   15,– DM

Ernest Borneman
Heinz Körner   Roland Kübler
Erich Rauschenbach   Adalbert Schmidt

Männer
trauma

Ein Lesebuch für Erwachsene

lucy körner verlag

136 Seiten   15,– DM

Ernest Borneman
Heinz Körner   Edit Lankor
Arno Plack   Adalbert Schmidt

Eifer
sucht

Ein Lesebuch für Erwachsene

lucy körner verlag

128 Seiten   15,– DM

lucy körner verlag
Postfach 1106, 7012 Fellbach